BEI GRIN MACHT SICH WISSEN BEZAHLT

- Wir veröffentlichen Ihre Hausarbeit,
  Bachelor- und Masterarbeit

- Ihr eigenes eBook und Buch -
  weltweit in allen wichtigen Shops

- Verdienen Sie an jedem Verkauf

Jetzt bei www.GRIN.com hochladen und kostenlos publizieren

Gerfried Nierhaus

Elektronische Märkte im Internet

GRIN Verlag

Bibliografische Information der Deutschen Nationalbibliothek:

Die Deutsche Bibliothek verzeichnet diese Publikation in der Deutschen National-
bibliografie; detaillierte bibliografische Daten sind im Internet über http://dnb.d-
nb.de/ abrufbar.

Impressum:

Copyright © 2001 GRIN Verlag GmbH
Druck und Bindung: Books on Demand GmbH, Norderstedt Germany
ISBN: 978-3-656-73211-2

Dieses Buch bei GRIN:

http://www.grin.com/de/e-book/14761/elektronische-maerkte-im-internet

GRIN - Your knowledge has value

Der GRIN Verlag publiziert seit 1998 wissenschaftliche Arbeiten von Studenten, Hochschullehrern und anderen Akademikern als eBook und gedrucktes Buch. Die Verlagswebsite www.grin.com ist die ideale Plattform zur Veröffentlichung von Hausarbeiten, Abschlussarbeiten, wissenschaftlichen Aufsätzen, Dissertationen und Fachbüchern.

Besuchen Sie uns im Internet:

http://www.grin.com/

http://www.facebook.com/grincom

http://www.twitter.com/grin_com

Elektronische Märkte im Internet

von

Gerfried Nierhaus

Elektronische Märkte im Internet

Seminararbeit zum Hauptfach

Datenverarbeitung III

im Sommersemester 2001 im Studiengang

zum

Diplom-Betriebswirt (FH) ,Studienrichtung Wirtschaft

der

Fachhochschule für Oekonomie und Management Essen

von

Gerfried Nierhaus

Ehrenwörtliche Erklärung

Hiermit versichere ich, daß die vorliegende Arbeit von mir selbständig und ohne unerlaubte Hilfe angefertigt worden ist, insbesondere, daß ich alle Stellen, die wörtlich oder annähernd wörtlich aus Veröffentlichungen entnommen sind, durch Zitate als solche kenntlich gemacht habe. Ferner erkläre ich mich damit einverstanden, daß die Arbeit der Öffentlichkeit zugänglich gemacht wird.

Essen, den 25.05.2001

Literaturverzeichnis

Inhaltsverzeichnis

Literaturverzeichnis :

**Hünerberg, Reinhard/
Heise, Gilbert**   Andreas Mann (Hrsg.) 1996 : Handbuch Online-
Marketing :Wettbewerbsvorteile durch weltweite
Datennetze. Landsberg/Lech

Kaiser, Ulrich   Internet & Online-Dienste : Der kompetente
Reiseführer für das digitale Netz. München 1996

Oppelt, Ulrich   EDI-Implementierung in der Praxis,in : Office
Management, 1992, H3

o.V.   Lauscher im Datenreich,in: Der Spiegel Heft 36 :
S. 194-211, 1996

o.V.   Am Anfang steht die Aufklärung,in: Werben und
verkaufen Heft 28: S. 18, 1996

**Stephan, Ronald/
Werner, Andreas :**   Marketing Instrument Internet, 2. Auflage,
1998, Heidelberg

Trauth, Eileen   Electronic data interchange : A new
frontier for global standards policy, in :
Journal of Global Information
Management, 1.Jg., 1993, H.4

**Wöhe, Günter/
Ulrich Döring**   Verlag Franz Vahlen Münschen,
Einführung in die Allgemeine
Betriebswirtschaftslehre, 19. Auflage,
1996, S. 632

Inhaltsverzeichnis

1.   Einleitung

Das Internet mit seinem stark wissenschaftlichen Charakter erreicht zur Zeit nur bedingt Entscheidungsträger in Unternehmen. Über kurz oder lang wird aber kaum eine Firma umhinkommen, auf mindestens einem Wege Information elektronisch anzubieten. Mangels gesicherter und akzeptierter Abrechnungsverfahren lädt das kommerzielle Angebot im Internet derzeit eher zum Schaufenster- denn zum Einkaufsbummel ein. Das wird sich aber – man beachte die Aktivitäten der Kreditkartengesellschaften – mittelfristig ändern. In den nächsten Jahren wird der Internetanschluß für Firmen so selbstverständlich sein wie heute der Einsatz des Faxgerätes. Große Teile des Einkaufes können über das Internet abgewickelt werden. Angebotsvergleiche sind viel schneller und kostengünstiger möglich. Auch kleinere Unternehmen erhalten Zugang durch dieses Medium zum Weltmarkt.

Seit 1995 ist die Zahl der im Internet aktiven Unternehmen stetig gestiegen. Anfangs war es den Unternehmen hier wichtiger, das eigene Image dadurch zu verbessern, durch Innovation und Flexibilität zu glänzen, sich schnell mit dem neuen Medium auseinandergesetzt zu haben, was aber in den meisten Fällen auf Kosten der eigentlichen Websites erfolgte, die oft recht anfängerhaft und unorganisiert waren.

Doch im Laufe der Jahre ist die Gestaltung der Internetpräsenzen zum einen durch die immer größer wachsenden technischen Gestaltungsmöglichkeiten als auch natürlich durch den stetig wachsenden Konkurrenzdruck der ansteigenden Zahl von Unternehmen im Internet weitgehend professioneller geworden.[1]

---

[1] Vgl. Werner/Stephan, (Marketing Instrument Internet, 1998) S. 74

Betriebswirtschaftlich betrachtet bezeichnet man das Zusammentreffen von Angebot und Nachfrage als Markt. Dieser Marktplatz ist auch seit Jahren Zentrum gesellschaftlichen Lebens.

Ferner entwickelten sich durch die Industrialisierung und den damit verbundenen komplexer werdenden Produkten und Dienstleistungen spezialisierende Formen von Marktplätzen (z.B. Messen für Maschinenbau, Automobile oder Computer). Die Entwicklung der Informationstechnologie, speziell des Internets, bringt nun genau diese Märkte einen entscheidenden Schritt weiter, vom physisch vorhandenen Markt wird der Marktplatz der Zukunft in den Cyberspace transformiert, dem sogenannten virtuellen Marktplatz. Genau dieses Thema interaktiv betrachtet darzustellen, wird Aufgabe dieser Hausarbeit sein.

2. Marktplätze

Als Markt bezeichnet man den ökonomischen Ort auf dem das Güterangebot und die Güternachfrage zusammentreffen. Märkte sind eine mögliche Koordinationsform für wirtschaftliche Aktivitäten. Zweck dieses Zusammentreffens ist der Austausch der arbeitsteilig produzierten Güter. Die sich einerseits im Electronik Commerce Bereich und der zunehmenden Verbreitung des Internets bildenden elektronischen Märkte sind Teilmärkte der jeweiligen Gütermärkte. Aus der Vielfalt der Definitionen des Begriffs "Elektronischer Märkte" lässt sich als grundlegendes Charakteristikum der Einsatz von Informations- und Kommunikationstechnologie zur Unterstützung der Transaktionen im Koordinationsmechanismus Markt identifizieren.

2.1. Marktplatztypen

Einerseits kann man Marktplätze nach den Kriterien verhandlungsorientiert oder nach prozessorientiert typisieren. Die Hauptwirkung bei dem verhandlungsorientierten Marktplatz ist der Erhöhung des Preisdrucks auf die Verkäufer. Die Durchdringung bei heutigen Systemen ist sehr hoch und hat zugleich einen hohen Marktplatzwettbewerb. Die Marktauswirkung ist eher restrukturierend. Typische Funktionen sind normale Anschreiben, Auktionen, Anbieterverzeichnisse und Nebendienstleitungen, wie z. B. Zahlungsverkehr und Versicherungen.

Bei den prozessorientierten Marktplätzen resultiert die Hauptwirkung aus der Erhöhung des Rationalisierungsdruckes für Käufer und Verkäufer. Die Durchdringung bei heutigen Systemen ist gering und die Marktauswirkung eher konservierend. Typische Funktionen sind hier komplexe Ausschreibungsverfahren, z.b. Objekte, Order – Systeme (EDI, Web EDI), Bestellabrufe oder diverse Informationsdienstleistungen zu Produkten und Prozessen (z.B. Ersatzteile, Auftagsstatistiken).

Eine weiter Typisierung von Marktplätze gibt es bei der Unterstützung von Verkaufsphasen. Hier unterscheidet man je nach Kaufphase im Pre-Sales Bereich, im Sales oder im After-Sales. Die Teilnehmerzulassung kann offen oder geschlossen sein, wobei bei geschlossenen Marktplätze oft nur ein Passwort oder eine ID benötigt wird. Bei den Branchen unterscheidet man nach horizontaler und vertikaler Orientierung und die Standardisierung ist einerseits proprietär oder sie besitzt einen offenen Standard. Ein Beispiel für eine prozessorientierte Marktplatzform wäre das ERP – System beim Lieferanten, daß mit dem WWS – System des Kunden zusammenarbeiten würde. Bei der verhandlungsorientierten Form arbeiten lediglich zwei Inter – Surfer mit ihren Systemen.

2.2. komplexe Marktplätze

Um die Marktplätze etwas genauer zu veranschaulichen, unterscheidet man sie nach besonderen Kennzeichen. Einerseits nach Prozess-, Produkt- und nach Kommunikationskennzeichen. Bei der Prozesskennzeichnung unterteilt man die Prozesse nach gekoppelten und ungekoppelten Prozessen. In der Geschäftsphase nach der Anbahnung, der Abwicklung und nach dem After Sales Service. Die Partnerkomplexität diversifiziert nach 1 Kunden – x Lieferanten, x Kunde – 1 Lieferant oder nach x Kunde – y Lieferanten. Die Vertriebsstufen unterscheiden sich nach der Anzahl entweder nach zwei, drei oder mehr als drei Vertriebsstufen.

Bei den Produktkennzeichen haben die Artikel eine unterschiedliche Bedeutung in z. B. C – Artikel oder in A – Artikel. Bei der Artikelkopplung gibt es die Einzelartikel, den einfachen Bundle und die komplexen Bundle. Die Artikelkomplexität ist entweder einfach oder hoch. Ebenfalls ist dies der Fall bei der Preiskomplexität.

Die Kommunikationskennzeichen sind Standardisierung und Integration Inhouse. Bei der Standardisierung unterscheidet man nach proprietär und standardisiert. Beim Intergration Inhouse ist es entweder asynchron oder synchron.

2.3. horizontaler Marktplatz

Horizontale Marktplätze sind eher produkt- und funktionsspezifisch ausgerichtet. Dabei unterstützen diese Bemühungen, Ineffizienzen im Einkauf von Produkten, die über viele Branchen hinweg benötigt werden, abzubauen, und branchenübergreifend Geschäftsprozesse zu optimieren. Als Beispiel wäre hier die Firma polymerce.com zu nennen. Sie bietet ihren Kunden einen virtuellen Marktplatz, worüber gemeinsam Rohstoffe für die Kunststoffindustrie eingekauft werden können. Hier wird dem Kunden die Möglichkeit gegeben, günstig an einen bestimmten Rohstoff durch die Art der Einkaufsorganisation zu gelangen.

2.4. vertikaler Marktplatz

Vertikale Marktplätze sind branchenspezifisch ausgerichtet. Sie adressieren an Kunden mit maßgeschneiderten Lösungen für eine bestimmte Branche. Zur erfolgreichen Etablierung am Markt ist eine tiefgreifende Brachenkenntnis unabdingbar. Neben der Dienstleistung des Handels erwartet der Besucher Informationen zu seiner Branche. Die Qualität und der Umfang dieser Services ist ein entscheidendes Merkmal zur Differenzierung von vertikalen Marktplätzen einer Branche. Als Beispiel sei hier die Firma keyfacts.de genannt. Sie bietet ihren Kunden maßgeschneiderte Konzepte in Bezug auf hard facts fürs Unternehmen. Gleichzeitig bietet Sie unternehmensberatende Dienste an, sowie eigens herausgebrachte Literatur.

2.5. Portale

Portale sind Eingänge ins Internet. Sie vereinigen die Informationswelten vieler Content – Anbieter (z.B. Verbände, Einkaufskooperationen, Industrie, Großhandel, Handwerk und Fachverlage). Hierbei entsteht ein hoher Organisationsaufwand, da das sogenannte Content Management hierbei ein wichtige Rolle spielt. Darunter versteht man die Interdependenzen eines Unternehmens, das auch alle Abteilungen den gleichen Informationsstand haben. Dies lässt sich zum Beispiel durch den Aufbau eines Intranets realisieren. Hier könnten alle Informationen jeder Person im Unternehmen zur Verfügung gestellt werden.

Neue Portalkonzepte bieten adressatengereichte Eingänge über Profile, z.B. bestimmte Endverbraucheradressaten, Planer, Handwerder, Händler. Dieses Konzept ist klar zielgruppenorientiert. Neue Portalansätze enthalten auch Shop- und Marktplatzfunktionen. Auch hier entsteht ein hoher Grad an Organisationsfähigkeit im Hinblick auf die Content Management Prozessorientierung.

Da Portale alle Außenbereiche eines Unternehmens unterstützten, folgen nun Beispiele aus den einzelnen Unternehmensbereichen. Im Portalbereich des Einkauf findet man Multi – Lieferanten Kataloge, aktuelle Preise, Auktionsartikel, Warenkörbe, Lieferantenkontakte und das komplette Bestellwesen. Die Marketing nutzt das Medium für Nachrichten, Marktinformationen, Kundeninformationen, Marketingmaterial und Micropages. Der Vertrieb präsentiert dort Shop – Systems, Produktschulungen, Veranstaltungen und Messeplaner, Verkaufhilfen und Finanzierungsunterstützungen. Der Service bietet Wartungsanleitungen,

Ersatzteilsysteme, Montageanleitungen und Diskussionsforen an. Last but not least offeriert die Verwaltung betriebswirtschaftliche Schulungen und Beratung an.

Zu den Kennzeichen eines Portals gehören ein komplexes Organisationsprojekt und hohe Kosten bei der Portalorganisation und Content Lieferanten. Weiterhin bleibt der Nutzen schwer quantifizierbar, da es keine messbaren Ergebnisse gibt über dieses Medium, außer einen Besucherzähler auf der Homepage eines Unternehmens. Mehrere Portale können in jeder Branche nebeneinander existieren, wenn unterschiedliche Zielgruppen oder Inhalte angesprochen werden. Schließlich bleibt zu sagen, dass Portalen einen nachfrageorientierten Einsatz haben.

3. elektronische Märkte

In den sechziger und siebziger Jahren hauptsächlich von Militär , Forschung und Wissenschaft benutzt, entwickelte sich das Internet zum weltweit größten Netzwerk, in dem Computer nach einem bestimmten Protokoll miteinander kommunizieren. Es verbindet Menschen aus unterschiedlichen Teilen der Erde und lässt laut dem Soziologen Marschall McLuhan eine einzige Gemeinschaft entstehen , das `Global Village`.[2]

Da das Internet ein Zusammenschluß zahlreicher nicht profitorientierter Netzte ist, bezahlt der Nutzer neben dem Erwerb des Computers und Modems die Gebühren des Zuganganbieters sowie Telefongebühren. Grundlegende Netzdienste des Internets sind E-Mail, Telnet, das World Wide Web (WWW), Usernet sowie das File Transfer Protocol (FTP).Die Möglichkeiten, die das Internet eröffnet, gehen weit über die heutige

---

[2] Der Begriff Global Village, das sogenannte globale Dorf, steht für das Zusammenwachsen der Menschheit durch neue Medien. (vgl. Hünerberg 1996 , S. 304)

Nutzung und Vorstellungskraft hinaus. Visionäre des Internets gehen sogar soweit : Schon bald verfügt alles, was einen Ein- und Aus-Schalter hat, über künstliche Intelligenz und einen Internet Anschluß. Systeme von entfernten Orten zu steuern und zu überwachen, könnte alltäglich werden.[3] Allein auf dieser Tatsache beruhend, bilden sich zahlreiche Märkte im Internet, auf denen gehandelt, kommuniziert und gute Geschäfte getätigt werden.

3.1. Der Grundgedanke elektronsicher Märkte

Märkte sind Plätze des Austausches, an denen sich Angebot und Nachfrage treffen. Die klassische Markttransaktion lässt sch idealtypisch in die nachfolgenden Phasen einteilen :

- Die Informationsphase

Hier wird nach geeignetem Marktpartner gesucht durch die Sammlung von Informationen über potentielle Anbieter bzw. Nachfrager und Vergleich dieser Informationen.

- Die Entscheidungsphase

Hier entscheidet man über die Abgabe eines Angebotes

- Die Vereinbarungsphase

---

[3] vgl. Kaiser 1996, S. 81

Hier entseht die Kontaktaufnahme der Marktpartner. Es werden die Konditionen vereinbart und ein Vertragsabschluss vorgefertigt.

- Die Abwicklungsphase

Hier erfolgt der Leistungsübergang und die Finanztransaktion. Ferner werden hier die Versicherungsfragen und die logistische Abwicklung des Auftrages geklärt.

Elektronische Märkte sind Informations- u. Kommunikationssysteme zur Unterstützung aller oder einzelner Phasen und Funktionen der klassischen Markttransaktionen. Sie entstehen durch die Mediatisierung von Markttransaktionen, d.h. die elektronische Abbildung der Kommunikationsbeziehungen zwischen den Marktteilnehmern. Da die Eigenschaften von Standardprodukten informationstechnisch gut abbildbar sind, werden insbesondere diese Märkte immer mehr durch Informations- und Kommunikationssysteme mediasiert und in elektronische Märkte umgewandelt. Bekannte Beispiele für elektronische Märkte sind :

- Elektronische Buchungssysteme in der Tourismusbranche (z.B. Apollo oder Amadeus)

- Elektronische Börsenhandelssysteme (z.B. Deutsche Terminbörse DTB)

- Teleshopping (über Fernsehkanäle oder Computernetze)

In einem vollständig mediasierten Markt werden die Interaktionen zwischen den Marktpartnern in allen Transaktionsphasen in einem durchgehenden, integrierten elektronischen System abgewickelt. Das heißt : Angebot und

Nachfrage treffen sich in elektronischen Informations- und Kommunikationssystemen. Auf einem solchen elektronischem Markt wird auch die Preisbildung elektronisch unterstützt. Ziel ist die Annäherung an den vollkommenen Markt[4] : alle Teilnehmer handeln nach dem Maximumprinzip, es herrscht vollständige Markttransparenz, es gilt die Homogenitätsbedingung und Anbieter und Nachfrager reagieren unendlich schnell. Ein vollständig elektronisch realisierter Markt ist jedoch ein theoretischer Grenzfall, der praktisch nicht erreichbar ist. Aktuelle Systeme unterstützten meist nur einzelne Funktionen und Phasen der marktlichen Koordination.

3.2. Die Marktteilnehmer

Elektronische Medien fassen Angebots- und Nachfragebeziehungen im Markt zusammen. Die dadurch ermöglichte Automatisierung der Geschäftsabwicklung und Verbesserung der Markttransparenz führt zu einer Veränderung der traditionellen Rollen der Marktteilnehmer auf elektrischen Märkten. Für den Kunden bietet ein elektronischer Markt vor allem eine höhere Markttransparenz. Die Informations- und Kommunikationstechnik kann ihm bei der Suche nach Information und der Aufbereitung und Auswertung der gewonnenen Daten unterstützten. Allerdings sind die Beziehungen zwischen den Unternehmen und ihren Kunden weniger persönlich als in traditionellen Märkten.

Eine größere Markttransparenz führt für die Anbieter in elektronischen Märkten zu einem verschärften Wettbewerb. Daher ist eine niedrigere Gewinnspanne als in traditionellen Märkten zu erwarten, wobei dieser Effekt

---

[4] Wöhe, G., Döring, U. Einführung in die allgemeine Betriebswirtschaftslehre, Vahlen Verlag 19. Auflage, München 1996

durch den potentiell größeren Kundenkreis möglicherweise jedoch wieder ausgeglichen werden kann. Darüber hinaus führt eine erhöhte Markttransparenz zu steigenden Anforderungen an die Präsentation der angebotenen Leistungen. Leistungsfähige Kommunikationsnetze wie ISDN oder breitbandige Kabelfernsehnetze ermöglichen die multimediale Übertragungen von Produktbeschreibungen.

Handelmittler werden auch als Intermediäre oder Market Maker bezeichnet. Sie ermöglichen den Marktteilnehmern das direkte Zusammentreffen von Angebot und Nachfrage indem sie den Austausch von Leistungen zwischen den Marktteilnehmern organisieren. Die größere Markttransparenz und einfachere Durchführung von Transaktionen gefährdet jedoch die traditionelle Rolle der Handelmittler. Auf elektronischen Märkten wird die Existenz von Handelsmittlern vor allem dann in Frage gestellt, wenn sie sich auf die bloße Verteilung von Gütern beschränken. Dadurch können ganze Handelmittlerstufen umgangen werden.

In elektronischen Märkten bieten sich aber auch Chancen in neuen Aufgabenfeldern. So können sich zum Beispiel die Anbieter von klassischen Mehrwertdiensten und Betreiber von Kommunikationsnetzen zu Marktbetreibern (Elektronic Market Provider) entwickeln. Marktbetreiber übernehmen eine Mittelrolle zwischen Anbietern und Nachfragern, wobei ihre Aufgabe in erster Linie darin besteht, die organisatorischen und technischen Rahmenbedingungen für die Realisierung von Marktveranstaltungen zu schaffen. Grundsätzlich kann jeder Marktteilnehmer auch Marktbetreiber sein. Nach den Beziehungsstrukturen der Marktteilnehmer lassen sich überbetriebliche Marktveranstaltungen, einzelbetriebliche Marktveranstaltung und elektronische Hierachie unterscheiden.

4. Realisierungsformen elektronischer Märkte

Das Zusammenspiel mehrere Komponenten ist eine wichtige Zutat, damit ein elektronischer Markt realisierbar wird. Die Anforderungen an diesen Märkte sind vom Thema Offenheit, über Standardisierung, Multibranchenfähigkeit, anwenderfreundliche Schnittstellen bis hin zur Sicherheit alles im allem ziemlich groß. Zudem besitzen sie einen hohen technischen Anteil der in den nachfolgenden Punkten auch erläutert wird.

4.1. Elektronic Shopping Mall

Elektronic Shopping Malls sind mit Hilfe von Informations- und Kommunikationstechnik realisierte elektronische Einkaufszentren. Die Zielgruppe solcher virtuellen Kaufhäuser oder Dienstleistungen sind Privathaushalte und kleinere Firmenkunden. Man spricht deshalb auch von einem elektronischen Markt für den Einzelhandel. Elektronic Shopping Malls sind offen für alle interessierten privaten und geschäftlichen Kunden mit Zugang zu einem Kommunikationsnetz (Online-Dienste, Internet etc.). Im Gegensatz zu anderen Ausprägungen elektronischer Märkte sind die Preise für die in einem virtuellen Kaufhaus gehandelten Leistungen Festpreise.

In einem elektronischen Markt, der nach dem Prinzip „Direct Search" aufgebaut ist, ist jeder Marktteilnehmer direkt mit jedem anderen Marktteilnehmer verbunden. Das heißt, es liegt eine vollständige Vernetzung aller Marktteilnehmer vor.

4.2. Auktionssysteme

Der Marktzugang ist nicht offen, sondern beschränkt auf eine bestimmte Interessengruppe, wobei das System einen vollständigen Überblick über alle möglichen Marktpartner bietet. Das wichtigste Ziel der Marktteilnehmer ist eine möglichst wirtschaftliche Gestaltung der internen Handelsbeziehungen.

In einem Auktionssystem werden Angebot und Nachfrage zentral durch einen Auktionator unter Verwendung eines festgelegten Verfahrens abgestimmt. Die Preise stehen nicht wie im virtuellen Kaufhaus fest, sondern bilden sich erst bei der Abstimmung heraus. Der zum Handel zugelassene Kreis der Marktteilnehmer kann sowohl geschlossen (z.B. elektronische Börse) als auch offen sein. Da eine große Anzahl von Marktteilnehmern in einem Auktionssystem die Wahrscheinlichkeit erhöht, dass sich Angebot und Nachfrage treffen, ist eine Verbreitung dieser Form des elektronischen Marktes insbesondere in Netzten mit hohen Teilnehmerzahlen (z.B. Internet) zu erwarten.

4.3. Handelsmittlersystem

Im Gegensatz zur Auktion ist in einem Handelsmittler-System ein direktes Treffen von Angebot und Nachfrage nicht möglich. Ein Handelsmittler ist grundsätzlich an jeder Transaktion als Zwischenhändler beteiligt. Er ist verpflichtet, jederzeit einen verbindlichen Kurs anzugeben, zu dem er die betreffende Leistungen handelt. Auf diese Weise wird den Marktteilnehmern die Suche nach geeigneten Marktpartnern erspart – der Handelsmittler steht grundsätzlich als Handelspartner zur Verfügung. Die Spanne zwischen Ankaufs- und Verkaufskurs des Handelsmittlers stellt seinen Erlös dar. Wie bei der Auktion kann auch hier der zugelassene Kreis der Marktteilnehmer sowohl geschlossen als auch offen sein.

5.   Effekte elektronischer Märkte

Die Herausbildung elektronsicher Märkte geht über die einfache „Elektrifizierung" von Marktprozessen weit hinaus. Elektronische Märkte übernehmen substituierend Aufgaben traditioneller Märkte (z.B. Börsenhandel), sie ergänzen traditionelle Märkte durch komplementäre Funktionen (z.B. Reisebüros) und sie generieren völlig neue Anwendungsfelder (z.B. Teleshopping)

5.1.   Kommunikationseffekt

Der „electronic communication effect" ermöglicht eine schnellere und weiträumigere Verbreitung größerer Informationsmengen bei gleichzeitiger Senkung der dabei entstehenden Kosten. Als Beispiel sei hier das Online shopping genannt. Über Internet, Online-Dienste oder Home-shopping-Kanäle im Fernsehen kann weltweit eine potentielle unbeschränkte Zahl von Endabnehmern bzw. Anbietern zu sehr geringen Kosten und fast ohne Zeitverlust erreicht werden.

5.2. Broker- oder Maklereffekt

Der „electronic brokerage effect" ermöglicht es, Anbieter und Nachfrager direkt miteinander zu verknüpfen und so die klassische Funktionen der Broker als Informationsmittler durch elektronische Medien teilweise zu ersetzten. Als Beispiel seien hier die elektronischen Börsen genannt. Da institutionelle Anbieter ohne Banken direkt auf elektronischen Börsen handeln, entfällt die Zugangsfunktion der Banken. Was dazu geführt hat, dass viele Banken nun ein sogenanntes Brokerage anbieten, wie es z.b. die Commerzbank tut. Die Abteilung nennt sich dort Informationsbrokerage und stellt dem Kunden alle Informationen zur Verfügung, bevor er einen Kauf an der Börse tätigt. Dort liest man dem Kunden die gewünschten Informationen vor aus eigenen Bankexpertenmeinungen, sowie aber auch von unabhängigen Agenturen.

5.3. Integrationseffekt

Der „electonic integration effect" ermöglicht die Zusammenfassung ursprünglich getrennt ablaufender Teilprozesse des Marktgeschehens in integrierten, elektronisch unterstützten Abläufen. Die elektronischen Buchungssysteme der Tourismusbranche seien hier als Beispiel genannt. Früher getrennte Buchungsprozesse (z.B. für Flug, Mietwagen und Hotel) sind heute über elektronische Buchungssysteme unternehmensübergreifend ausführbar.

5.4. Erfolgsfaktoren elektronischer Märkte im Internet

Ein zügiges Handeln in Zeiten der neuen Internettechnologien ist mehr als angezeigt. Als kritische Erfolgsfaktoren für einen Marktplatzbetreiber können folgende Punkte angesehen werden :

- Das Branchen Know How

- Schnelle Gewinnung eines Kundenstammes

- Die Möglichkeit zur Prozessintegration sollte gegeben sein

- Kooperation mit Anbietern von Zusatzdiensten eingehen

- Das nötige IT Know How muß vorhanden sein

- Gewinnung von Key Playern um Marktakzeptanz zu erhalten

- Die Sicherstellung von Neutralität und Vertrauen, d.h. Trennung von Marktplatz und Geschäft.

Gefahren bei der Einführung elektronischer Marktplätze sind insbesondere in der möglichen fehlenden Akzeptanz seitens potentieller Nutzer zu sehen. Dieser kann allerdings durch eine zielgruppenspezifische und benutzerfreundliche Gestaltung sowie durch eine gezielte Heranführung der Nutzer an das Medium, durch kommunikative Maßnahmen und Trainings entgegengewirkt werden. Darüber hinaus besteht eine durchaus begründete Skepsis in Bezug auf Sicherheit (Security) und rechtliche Fragestellungen.

5.5. Chancen und Risiken elektronischer Marktplätze

Ebenso verbunden mit gewissen Risiken sind beim Aufbau von Marktplätzen auch der große Nutzen für ein Unternehmen. Im Kundenbereich liegen die Vorteile im Bereich der Kundenakquise und Kundenbindung durch die zielgruppenspezifische und benutzerfreundliche Gestaltung der Webseiten. Das Internet wird als neuer Vertriebskanal genutzt, sowie zur Kundenbindung mittels personalisierten Webpages beispielsweise. Hierbei wird der Ansatz des „One-to-one-Marketing" verfolgt, d.h. die Webseiten sind auf die Bedürfnisse und Interessen jedes einzelnen Nutzers zugeschnitten. Bereits die Einstiegsseiten sind hierbei übersichtlich und logisch zu gestalten, damit der Nutzer intuitiv geführt wird. Häufig verwendete Navigationspfade eines Nutzers werden direkt bei dessen erneutem Zugang auf die Webseite angeboten, ohne dass er navigieren muß.

Beispiel myflirt.de: Die Ablage eines Cookies mit Kundendaten auf dem Rechner des Benutzers. Damit besteht die Möglichkeit, dass der Kunde mit Namen begrüßt werden kann. Außerdem können auf ihn zugeschnittene Personenempfehlungen angezeigt werden.

Einen anderen Aspekt bilden bei den Geschäftsprozessen die Themen Präzision und Schnelligkeit. Sie sind auch innerhalb dieser Beziehung von großer Bedeutung für strategische Vorteile. Informations- und Kommunikationstechnologien bieten hier neue Wege, die Qualität dieser Kriterien zu steigern. Denn in der zwischenbetrieblichen Kommunikation herrscht immer noch der traditionelle Papierweg vor.[5] Jedes Ausfertigen eines solchen Papierbelegs stellt aber in Verbindung mit einer späteren EDV-Erfassung der Beleginformation einen sogenannten Medienbruch dar.

---

[5] Oppelt, Ulrich, EDI Implementierung in der Praxis, in Office Management, 1992, H.3, S.55

Electronic Data Interchange (EDI) bezeichnet einen strukturierten Austausch von Geschäftsinformationen zwischen Computern. Diese Geschäftsinformationen bestehen aus typischen, innerhalb einer Geschäftsbeziehung vorkommenden Dokumenten. Eine Standardtransaktion zwischen zwei Unternehmen erzeugt im Durchschnitt 30 Dokumente. Bei den Austauschdaten kann es sich um kommerzielle und technische Daten und um allgemeine Geschäftsdokumente wie Texte, Abbildungen und Grafiken handeln. Jedes dieser Dokumente erfordert mehrfach die Erfassung, Ausgabe und Wiedererfassung, neben dem physischen Transport über den Postweg mit vielen Gelegenheiten für Fehler, Verzögerungen und Verwirrungen. Hieraus wird ersichtlich, welch großes Rationalisierungspotential innerhalb dieser Prozesskette liegt[6].

6. Anforderungen an die Informations- und Kommunikationstechnik elektronsicher Märkte

Auf elektronischen Märkten werden einfache beschreib- bzw. abbildbare Standardprodukte gehandelt. Grundlage des elektronischen Marktes ist eine Datenbasis, zu der alle potentiellen Marktteilnehmer einen elektronischen Zugang haben müssen. Da hierfür nur ein einfacher, standardisierter Informationsaustausch notwendig ist, genügt ein einfaches, möglichst universales Kommunikationssystem als Transportmedium. Dennoch gibt es hier einige Anforderungen die erfüllt sein müssen, damit ein reibungsloser Ablauf garantiert ist.

---

[6] vgl. Trauth, Eileen, Electronic data interchange: A new frontier for global standards policy, in : Journal of Global Information Management, 1. Jg., 1993, H.4, S. 6-16

6.1. Offenheit

Technische Offenheit bedeutet einen von technischen Gegebenheiten weitgehend unabhängigen Zugang der Marktteilnehmer zum System. Somit müssen Schnittstellen zum System offengelegt und für jedermann zugänglich gemacht werden, damit eine Kopplung mit anderen Kommunikationssystemen sichergestellt ist. Standardisierung und Normung ist für die Kommunikation der Marktteilnehmer von entscheidender Bedeutung, denn nur so kann die für einen reibungslosen Kommunikationsablauf notwendige Kompatibilität der verwendeten Systeme hergestellt werden.

6.2. Multibranchenfähigkeit

Da der Kunde in einem elektronischen Markt Leistungen aus unterschiedlichen Branchen in Anspruch nimmt, ist die Multibranchenfähigkeit der Informations- und Kommunikationssysteme, d.h. die Integration von Anwendungen aus unterschiedlichen Branchen, von großer Bedeutung. Durch eine leicht zu bedienende und für unterschiedliche Anwendungen einheitliche Benutzerschnittstelle kann die Akzeptanz bei den Marktteilnehmern erheblich erhöht werden. Bestes Beispiel hierfür ist das World Wide Web (WWW) als leicht zu bedienende, multimediale Benutzerschnittstelle zum Internet.

6.3. Sicherheit

Elektronische Märkte stellen hohe Anforderungen an die Sicherheit von Informations- und Kommunikationssystemen, da zur Abwicklung von Markttransaktionen rechtsverbindliche Dokumente (z.B. Zahlungsanweisungen oder Aufträge) ausgetauscht werden müssen. Neben dem Schutz vor vorsätzlicher Verletzung der Vertraulichkeit oder Verfälschung der Daten durch andere Marktteilnehmer, ist auch ein Schutz vor versehentlichen Änderungen (z.B. durch Fehlbedienungen der Benutzer) erforderlich.

Diese Forderungen sind jedoch zum Teil widersprüchlich. So schränken z.B. aufwendige Sicherheitsmechanismen die Offenheit des Zugangs und die Anwenderfreundlichkeit der Benutzerstelle erheblich ein. In der Bankenbranche benutzt man HBCI(Home Banking Computer Interface) um verschlüsselte Daten zu senden. SSC (Security Sending Information) verschlüsselt dabei die Verbindungen und, mit SET (Sending Electronic Titles) gibt es schon ein kompliziertes Verfahren unter Einbeziehung einer neutralen Stelle, daß aber viel zu teuer ist und noch nicht so verbreitet ist.

Weitere Anforderungen an die Sicherheitsinfrastrukturen sind Vertraulichkeit, Verbindlichkeit, Integrität von Informationen, Authentizität und die Zugriffssteuerung. Einer der sichersten Verfahren ist die Krypthografie. Hier wird ein Algorithmus übersetzt und der Empfänger muss auch einen Algorithmusschlüssel einsetzten, um die Nachricht über ein bestimmtes Medium zu öffnen.
Entweder symetrisch, d.h. einfach verschlüsselt , oder asymetrisch, das bedeutet mit zwei Schlüsseln wie beim HBCI Verfahren.

7. Fazit

Entscheidend für den Erfolg eines elektronischen Marktplatzes ist die Planung. Der Einsatz innovativer Technologien wie zum Beispiel das Internet, sollte als ein wesentlicher Aspekt in die Unternehmensstrategie einfließen. Ein Offline Angebot in die Online Welt zu setzten wird langfristig nicht laufen. Es ist vielmehr notwendig, die Möglichkeiten der modernen Technologien auszuschöpfen und innovative elektronische Märkte aufzubauen. Dadurch lässt sich zum Beispiel das eigene Waren- und Dienstleistungsangebot, erweitert mit Inhalten, Kontext und Gruppendynamik, dem Endkunden darstellen. In einem weiteren strategisch vorbereiteten Schritt sollte das eigene Angebot durch die Integration komplementärer Güter und Dienstleistungen dritter Anbieter (Lieferanten und Partner) ausgebaut werden. Doch auch das Thema Sicherheit , bzw. Unsicherheit spielt beim Endkonsumenten eine nicht zu unterschätzende Rolle. Fehlende Datensicherheit[7] sowie mangelnde sichere Zahlungssysteme verhindern zudem, Internet –Shopping in Anspruch zu nehmen. Werden Käufe getätigt, müssen Informationen zu Personen und Geschäftsverbindungen weitergegeben werden, und das bereitet vielen Kopfzerbrechen. Die Akzeptanz des Online Shoppings wird entscheidend davon abhängen, inwieweit es Anbietern gelingt, dieses Manko durch besonders ansprechende, unterhaltsame und zugleich informative Darbietung auszugleichen.

Weiter maßgebliche Kriterien sind eine benutzerfreundliche Oberfläche sowie eine reibungslose Bestellabwicklung und kulante Reklamationsbehandlung. Stimmen diese Rahmenbedingungen, entschließen sich die Nutzer auch zu Wiederholungskäufen, die auf Anbieterseite zu einer Festigung der

---

[7] Undurchschaubare Vernetzung erschweren die Kontrolle des Datenflusses und ermöglichen unbegrenzte Manipulation digitaler Daten(vgl. o.V.: Der Spiegel 36/96 : 194-211).

Kundenbeziehungen führen. Dabei kennen doch nur 24,4 % der Deutschen den Begriff Online Shopping[8], und das zeigt, dass es in Deutschland noch jede Menge Potential gibt, das darauf wartet ausgeschöpft zu werden.

---

[8] Dies geht aus einer Studie des Bielefelder Marktforschungsinstitutes Emnid hervor (vgl. o.V. Werben und verkaufen 28/96 : 18)